BEI GRIN MACHT SICH IHR WISSEN BEZAHLT

AF145758

- Wir veröffentlichen Ihre Hausarbeit,
  Bachelor- und Masterarbeit

- Ihr eigenes eBook und Buch -
  weltweit in allen wichtigen Shops

- Verdienen Sie an jedem Verkauf

**Jetzt bei www.GRIN.com hochladen
und kostenlos publizieren**

Bibliografische Information der Deutschen Nationalbibliothek:

Die Deutsche Bibliothek verzeichnet diese Publikation in der Deutschen National-bibliografie; detaillierte bibliografische Daten sind im Internet über http://dnb.d-nb.de/ abrufbar.

Impressum:

Copyright © 2017 GRIN Verlag
Druck und Bindung: Books on Demand GmbH, Norderstedt Germany
ISBN: 9783668638167

Dieses Buch bei GRIN:

https://www.grin.com/document/412393

Sarah Tschaikowski

Der Einfluss des NS Staates auf das religiöse Leben an deutschen Schulen

GRIN Verlag

GRIN - Your knowledge has value

Der GRIN Verlag publiziert seit 1998 wissenschaftliche Arbeiten von Studenten, Hochschullehrern und anderen Akademikern als eBook und gedrucktes Buch. Die Verlagswebsite www.grin.com ist die ideale Plattform zur Veröffentlichung von Hausarbeiten, Abschlussarbeiten, wissenschaftlichen Aufsätzen, Dissertationen und Fachbüchern.

Seminararbeit

Kirche im Dritten Reich

Der Einfluss des NS Staates auf das religiöse Leben
an deutschen Schulen

Sarah Tschaikowski

Inhaltsverzeichnis

1. Interview mit einer Zeitzeugin

Diese Arbeit beschäftigt sich mit dem Einfluss des NS Staates auf das religiöse Leben und auf den Religionsunterricht an deutschen Schulen von 1933 bis 1945. Dabei sollen folgende Fragestellungen genauer betrachtet werden: Inwieweit wurde der Religionsunterricht durch die nationalsozialistische Ideologie beeinflusst und dadurch eingeschränkt und wie veränderte sich das religiöse Leben an den Schulen. Es soll dabei auch der Fokus auf die Rolle der Religionslehrer und Pfarrer gelegt werden. Schließlich soll noch die Umwandlung von Bekenntnisschulen in Volksschulen genauer betrachtet werden.

Um einen persönlichen Bezug über die damalige Situation in der Schule und das Schulleben im Nationalsozialismus zu erhalten, habe ich ein Interview mit einer Zeitzeugin geführt, die damals zur Schule ging. Frau R. aus Eschenau ist heute 93 Jahre alt und kann sich somit altersbedingt nicht mehr im Detail an ihre Schulzeit erinnern. 1933, im Alter von 9 Jahren, besuchte sie die Volksschule in Nürnberg. Sie wohnte zu dieser Zeit in einem Internat der Hensoltshöher Gemeinschaft in Nürnberg und war Mitglied im BDM (Bund deutscher Mädchen), wie viele andere Mädchen ihres Alters. Weil sie noch ein Kind war, war sie leicht durch ihr Umfeld, Diakonissen und Lehrer zu beeinflussen. Die Schwestern der Hensoltshöhe standen damals selbst der nationalsozialistischen Ideologie unkritisch gegenüber und somit färbte die NS Ideologie auf die Schüler ab. Wie viele andere Jugendliche war auch Frau R. zu dieser Zeit begeistert von Hitler und Julius Streicher, Gauleiter von Franken. Ihre Generation, die in den Nationalsozialismus hineinwuchs, war geprägt von Faszination und Verblendung, die in den Führerkult mündete. An ihre Schulzeit und das religiöse Leben an der Schule konnte sich Frau R. nur noch bruchstückhaft erinnern. Damals erteilte eine Religionslehrerin und kein Pfarrer den evangelischen Religionsunterricht und in Frau R.s Erinnerung hat sich der Religionsunterricht durch den Nationalsozialismus nicht sehr stark verändert. Sie hatten Ferien an religiösen Feiertagen, wie zum Beispiel Weihnachten, wie es auch heute für uns selbstverständlich ist. Genaue Details zum Unterricht waren Frau R. nach so vielen Jahren leider nicht mehr präsent.

2. Einschränkung und Beeinflussung des Religionsunterrichts durch die Nationalsozialisten von 1933 bis 1945

2.1. Politischer Kurswechsel in Bezug auf den Religionsunterricht

Von 1933 bis 1945 hat sich die Bedeutung und Rolle des evangelischen Religionsunterrichts stark gewandelt. Zu Beginn der Machtübernahme der Nationalsozialisten wurde er als ordentliches Lehrfach in der Schule unterrichtet. Doch im Laufe der Machtspanne fand eine Entwicklung vom Pflichtfach bis zur Ausgliederung aus dem Schulwesen statt.[1]

Am Anfang der Machtübernahme 1933 war die Politik der Nationalsozialisten noch kirchenfreundlich und sie hielten das Konkordat aus der Weimarer Republik ein, das heißt dass Religion an den Schulen Unterrichtsfach blieb und die Bekenntnisschulen weiterhin existierten. Doch die deutschchristliche Reichskirchenpolitik scheiterte, da es zu keiner Zusammenarbeit zwischen der Deutschen Evangelische Kirche (DEK) und Nationalsozialistischen Lehrerbund (NSLB) kam. Somit hatte die Landeskirche ihren Einfluss auf das religiöse Leben an den Schulen verloren. [2]

1936 gab es einen kirchenpolitischen Kurswechsel und die Nationalsozialisten versuchten, die Kirche aus dem Schulwesen herauszudrängen und die Bekenntnisschulen in Gemeinschaftsschulen umzuwandeln. Außerdem wurden verschiedene Reichsrichtlinien und Entwürfe erstellt, die sich aber nicht durchsetzen. Als Folge herrschte starke Verunsicherung unter der Lehrerschaft und der Religionsunterricht war sehr chaotisch.[3]

1937 versuchten die Nationalsozialisten den Religionsunterricht zu beseitigen oder die Erteilung zu erschweren und das religiöse Leben an den Schulen abzuschaffen. [4]

Die Entwürfe von Lehrplänen für den evangelischen Religionsunterricht wiesen eine starke politische Anpassung auf und waren von der nationalsozialistischen Weltanschauung beeinflusst.[5] Man sprach von dem "deutschen Religionsunterricht"[6] und dem "deutschen Glauben" [7]. Der Religionsunterricht wurde in Anlehnung an die

---

[1] Vgl. Kraft, Friedhelm: Religionsdidaktik zwischen Kreuz und Hakenkreuz: Versuche zur Bestimmung von Aufgaben, Zielen und Inhalten des evangelischen Religionsunterrichts; dargestellt an den Richtlinienentwürfen zwischen 1933 und 1939, de Gruyter, 1996, S.5
[2] Vgl.ebd., S.9f
[3] Vgl. ebd., S. 11ff
[4] Vgl. ebd., S. 15ff
[5] Vgl. ebd., S.46
[6] Vgl. ebd., S.73
[7] ebd.

nationalsozialistische Rassenideologie unterrichtet. Aus diesem Grund ging das christliche Bekenntnis weitgehend verloren. [8]

In den Zeiten des Krieges wurde der Religionsunterricht dann ganz aus den Schulen verdrängt. [9]

In der folgenden Abhandlung sollen diese Punkte nun näher erörtert werden.

2.2. Einführung neuer Lehrpläne und Richtlinien für den Religionsunterricht

Schon zu Beginn der nationalsozialistischen Herrschaft führten die Nationalsozialisten wesentliche Reformen des Schulsystems durch, die die Lehrpläne und Richtlinien betrafen. Das Schulsystem wurde gleichgeschaltet, da der Reichserziehungsminister Rust reichseinheitliche Anordnungen erließ und die einzelnen Länder nur noch die Möglichkeit hatten diese umzusetzen. [10] Doch erst ab 1937 traten die "reichseinheitlichen Richtlinien für Unterricht und Erziehung" [11] in Kraft.

Schon 1936 kritisierte die Bekennende Kirche, dass die bestehenden Lehrpläne für den Religionsunterricht missachtet würden und dass "biblische Lehren" [12] aus dem Unterricht verdrängt wurden und an ihre Stelle "unchristliche Stoffe" [13] getreten seien, wie das altgermanische Heidentum. [14] So stand z.B. im Lehrplan der Grundschulen, dass an Weihnachten neben dem Heiland als Erlöser und seiner treuen Liebe das Märchen von dem Wolf und den sieben Geißlein durchgenommen werden sollte. Auch sollten andere Märchen, wie zum Beispiel Rotkäppchen, Dornröschen und Aschenputtel immer wieder mit biblischen Geschichten vermischt werden. Und in dem 3. und 4. Schuljahr sollten sogar "germanische Mythenstoffe" [15] gelehrt werden, wie Thor, Wotan und die Widardichtung. [16]

1937 gab es keinen einheitlichen Lehrplan für den Religionsunterricht, obwohl dieser von den Religionslehrern sehr erwünscht war. Viele erlassene Richtlinien setzten sich in der Schulpraxis nicht durch und führten dagegen zu einer Verunsicherung der

---

[8] Vgl. Kraft 1996, S. 73

[9] Vgl. Dienst, Karl: Kirche-Schule-Religionsunterricht, Untersuchung im Anschluss an die Kirchenkampfdokumentation der EKHN, Lit- Verlag, 2009, S.262

[10] Vgl. Böhme, Günther: Erinnerungen an die Schulzeit im Nationalsozialismus und ihr historischer Hintergrund, Schulz-Kirchner, 2001, S.93

[11] ebd.

[12] Müller-Rolli, Sebastian: Evangelische Schulpolitik in Deutschland 1918 - 1958, Vandenhoeck & Ruprecht, 1999, S. 162

[13] ebd.

[14] Vgl. ebd.

[15] Bolle, Rainer (Hrsg.): Hauptströmungen evangelischer Religionspädagogik im 20. Jahrhundert, Waxmann, 2002, S. 90

[16] Vgl. ebd.

Lehrerschaft. Deshalb wären eindeutige Richtlinien, die den neuen Inhalt für den Religionsunterricht festlegten, den Lehrern sehr willkommen gewesen.[17] Die Religionslehrerschaft war sehr verunsichert, welche Inhalte sie unterrichten sollte und welche sie nicht behandeln durfte und so wurde die damalige Situation beispielsweise in einer Denkschrift, vermutlich von Theodor Ellwein, als sehr "chaotisch"[18] beschrieben:

> *„Der gegenwärtige Religionsunterricht [...] bietet weiterhin das Bild chaotischer Zustände. Die Lehrer [...] wissen zu einem großen Teil nicht mehr, was sie bieten sollen, können oder dürfen. Ein Teil hält sich an die alten Lehrpläne- da sie ja noch nicht außer Kraft gesetzt sind [...]. Andere stehen unter dem Einfluss kirchenpolitischer Auffassungen [...]. Wieder andere, in ihrem ganzen Denken und Fühlen auf das Rassenproblem eingestellt, übertreiben diesen Gesichtspunkt so sehr, dass ihr RU sich zu einer angewandten Rassenkunde auswächst."[19]*

Schon im Jahre 1933 versuchte die nationalsozialistische Regierung neue Richtlinien in die Religionslehrpläne einzuführen, doch in den Jahren 1937, 1938 und 1939 äußerte sich das Ministerium nur knapp in Bezug auf Lehrplanerlasse für den Religionsunterricht: "Die Herausgabe neuer Richtlinien für den Religionsunterricht beleibt vorbehalten."[20]

1939 erließ das bayerische Kultusministerium die Anordnung, den Religionsunterricht auf maximal 2 Wochenstunden zu begrenzen. [21] 1940 riet der Reichsstatthalter in Hessen den Schulen, den Religionsunterricht auf die Eckstunden oder auf den Nachmittag zu legen. Schüler, die sich vom Religionsunterricht abmeldeten, durften schon früher nach Hause gehen. In manchen größeren Schulen, die sich nicht an den Rat hielten und den Religionsunterricht weiterhin auf die Vormittagsstunden legten, mussten sich die Schüler, die den Religionsunterricht nicht besuchten, "angemessen beschäftigen"[22]. So genossen die Schüler den Vorzug, schon ihre Hausaufgaben erledigen zu dürfen oder Sport zu treiben.[23]

1940 wurde der "Religionsunterricht in den letzten vier Schuljahren der höheren Schulen"[24] abgeschafft. 1943 kam es zur völligen Ausgliederung des

---

[17] Vgl. Dienst 2009, S.253
[18] Kraft 1996, S.14
[19] Kraft 1996, S.14, zitiert nach EZA Berlin
[20] Dithmar, Reinhard (Hrsg): Schule und Unterricht im Dritten Reich, Luchterhand, 1989, S. 92
[21] Vgl. Gradl, Jürgen: Das Volksschulwesen in der NS- Zeit am Beispiel des Stiftlandes, Grin Verlag, 2008, S.13
[22] Dienst 2009, S. 261
[23] Vgl. ebd.
[24] Böhme, Günther: Erinnerungen an die Schulzeit im Nationalsozialismus und ihr historischer Hintergrund, Schulz-Kirchner, 2001, S.180

Religionsunterrichtes, da dieser nicht mehr in den Schulräumen stattfinden durfte, sondern im Gemeindehaus oder in der Kirche erteilt werden musste.[25]

2.3. Veränderung des Religionsunterrichts

2.3.1. Christliche Rituale im Religionsunterricht

Die Einführung neuer Lehrpläne und Richtlinien für den Religionsunterricht durch die Nationalsozialisten wirkte sich auch auf die christlichen Rituale im Religionsunterricht aus, speziell auf die Schulgebete.

1933 hatte das hessische Ministerium für Kultus und Bildungswesen das Schulgebet wiedereingeführt und das Beten unterstützt. Doch an den verschiedenen Gebetsvorschlägen wird deutlich, dass die geläufigen Gebete durch das nationalsozialistische Gedankengut beeinflusst wurden. Bei manchen Strophen wurden nationale Strophen hinzugefügt, wie zum Beispiel "Halte deine Hand, Deine starke Hand über unserem Vaterland"[26] und " Lieber Gott, ich bitte Dich für Volk und Führer und für mich".[27]

In einer Besprechung zwischen den Vertretern des württembergischen Kultusministeriums und des Oberkirchenrats 1936 wurde festgelegt, dass "die Möglichkeit des Schulgebets"[28] auch noch weiterhin erhalten bleiben soll. Doch in manchen Schulbezirken wurden die Bibelworte durch nationalsozialistische Parolen ersetzt.[29]

Anhand der Beispielgebete des bayerischen Staatsministeriums für Unterricht und Kultus für die Direktorate der höheren Lehranstalten aus dem Jahre 1941 wird deutlich, dass die Gebete ihren religiösen Wert weitgehend während des Krieges verloren haben. Der Schwerpunkt lag nicht mehr auf den Werten des Christentums und der Verehrung Gottes, sondern auf der Huldigung des Führers und des Vaterlandes Deutschland. Es wurde darum gebetet, dass Gott mit dem "Führer"[30] sei und ihn "erhalte"[31]. Außerdem verehrten die Nationalsozialisten Adolf Hitler wie ein Gott, da sie "im Geiste Adolf Hitlers"[32] immerdar leben wollten. Darüber hinaus behandelte der Inhalt der Gebete den

---

[25] Vgl. Dienst 2009, S. 262
[26] ebd., S. 158
[27] ebd.
[28] Müller- Rolli 1999, S. 155
[29] Vgl. ebd.; S. 187
[30] Gradl 2008, S. 69 (Staatsarchiv Amberg Schulgebet)
[31] ebd.
[32] ebd.

Krieg, da Gott gebeten wurde, den "deutschen Waffen den Sieg"[33] zu schenken. Dies entspricht nicht den biblischen Aussagen zur Feindesliebe und Friedfertigkeit. [34]

2.3.2. Einfluss der NS Ideologie auf die Inhalte im Religionsunterricht

Die nationalsozialistische Ideologie beeinflusste nicht nur christliche Rituale wie das Gebet im Religionsunterricht, sondern auch die Inhalte, die gelehrt wurden. So wurden in einem Diktat zum Beispiel Jesus und Hitler verglichen. Man stellte Hitler mit Jesus gleich, denn "Wie Jesus die Menschen von Sünde und Hölle befreite, so rettete Adolf Hitler das deutsche Volk vor dem Verderben"[35]. Oder Hitler wurde sogar noch über Jesus gestellt: "Aber während Jesus gekreuzigt wurde, wurde Hitler zum Reichskanzler erhoben."[36]

Auch der Umgang mit der Bibel veränderte sich im Verlauf der Machtdauer. Das Alte Testament wurde insgesamt wegen seines jüdischen Ursprungs sehr kritisch gesehen. Schon bei der Sportpalastkundgebung 1933 der Deutschen Christen kam es zu antisemitischen Äußerungen und zu der Überlegung das „jüdische" Alte Testament einzusparen.[37]

1937 schlug das Kreisschulamt Lauterbach der hessischen Landesregierung vor, die Unterrichtszeit des Religionsunterrichtes zu verkürzen und aus diesem Grund auf das AT als Lehrstoff zu verzichten.[38]

1938 wurde eine neue Verordnung durch den Reichsstatthalter in Hessen erlassen, die den Umgang mit der Bibel verschärfte. Das Alte Testament wurde schließlich ganz verboten und auch andere Geschichten aus dem Neuen Testament mussten in den Hintergrund treten. Man begründete dies so:

> *"Dem Grundsatz, daß die Erziehung der deutschen Jugend einheitlich im Geiste des Nationalsozialismus zu erfolgen hat, ist in der Schule in allen Fächern Rechnung zu tragen. Da Religionsunterricht als ordentliches Lehrfach der Schule gilt, muß auch hier dieser Grundsatz berücksichtigt werden. Stoffe, die dem Sittlichkeitsempfinden der germanischen Rasse widersprechen, sind nicht zu behandeln. Große Teile des AT können daher für den Unterricht nicht in Frage kommen"* [39]

Auch untersagte das badische Kultusministerium 1938 die katholische "Große Herdersche Schulbibel", da diese Bibel eine besondere Fassung von der Geschichte von

---

[33] Gradl 2008, S. 70
[34] Vgl. ebd., S. 69f
[35] Pollmann, Bernhard: Lesebuch der deutschen Geschichte, Harenberg Kommunikation, 1989
[36] ebd.
[37] Vgl. ebd.
[38] Dienst 2009, S. 253
[39] Ebd.,S.269f., zitiert aus Dok 6, S. 499 und Dok. 8, S.327

"Jesus und die Samariterin, Joh. 4, 1-42" enthielt, die aber dem Originaltext entsprach. In der Geschichte sagte Jesus, dass das Heil aus den Juden hervorgeht.[40] Für die Nationalsozialisten, die eine sehr antisemitische Einstellung vertraten, war es unerwünscht, dass der Begriff "Heil" seine Herkunft bei den Juden hatte.[41]

Darüber hinaus sprach man von dem "deutschen Religionsunterricht"[42] und dem "deutschen Glauben"[43]. Der Religionsunterricht wurde in Anlehnung an die nationalsozialistische Rassenideologie unterrichtet. Aus diesem Grund ging das christliche Bekenntnis weitgehend verloren und biblische Inhalte wurden entsprechend der nationalsozialistischen Ideologie ausgelegt.

Dies sieht man auch deutlich am Beispiel einer Religionsunterrichtsstunde von Julius Richter aus dem Jahre 1935, die das Gleichnis vom barmherzigen Samariter behandelte und in einer Zeitschrift für den evangelischen Religionsunterricht veröffentlicht wurde. Im Verlauf der Unterrichtsstunde führte der Lehrer die Schüler weg von der richtigen Auslegung und Aussage des Gleichnisses und hin zu der nationalsozialistischen Ideologie. Er versuchte sie den Schülern durch den biblischen Text zu indoktrinieren und sie durch Gottes Willen zu belegen. Nach eigener Aussage des Lehrers sollte diese Stunde zeigen, "wie heute christliche Wahrheit und deutsch-völkisches Lebensinteresse miteinander verbunden werden können, wie also Christentum und Deutschtum in lebendiger Einheit zusammengehen kann."[44]. Das Gleichnis des barmherzigen Samariters wurde am Anfang des Unterrichts noch bibelgemäß ausgelegt, denn man soll seinem Nächsten helfen, egal welche Rasse er hat. Nächstenliebe und Hilfsbereitschaft sind wichtig und Rasse und Volk spielen in erster Linie keine Rolle. Schließlich hat der Samariter, der „Mischrassige", einem frommen Juden geholfen. Danach diskutierte die Klasse, ob Jesu Gleichnis auch noch heute für sie gelte. Die Schüler waren zu Beginn der Meinung, dass sie den Juden nicht helfen sollten, sondern nur ihren Volksgenossen, erkannten aber, dass dieses Verhalten Jesu Willen widersprechen würde. Deshalb kamen sie zu der Einschätzung, dass sie sich davor hüten sollten, die Juden wegen ihrer Rasse zu verachten und ihnen ihre Hilfe zu verweigern.[45] Dann brachte der Lehrer aber das Beispiel von "einem Vater, der zwei Kinder im Wasser mit den Wellen ringen sieht,

---

[40] Vgl. Dithmar 1989, S.96, zit. nach Joachim Maier, Zur Auseinandersetzung zwischen Staat und katholischer Kirche in Baden 1933-1945, in Erziehung und Schulung, 1980, S. 216ff, Zitat S.223
[41] ebd.
[42] Kraft 1996, S. 73
[43] ebd.
[44] Bolle 2002, S. 105
[45] ebd., S. 100 f

und eins davon ist sein eigenes." [46] Diesmal waren die Schüler der Meinung, dass er erst sein eigenes Kind retten sollte, "weil es sein Kind ist" und "Gott hat ihm ja sein Kind gegeben"[47]. Zwischen ihnen bestehe eine Blutsverwandtschaft, die auch zwischen "Menschen [...] gleicher Rasse"[48] besteht. Die Schüler kamen so zum Entschluss, dass sie doch zwischen Ariern und Juden unterscheiden müssten, da Gott unterschiedliche Völker geschaffen hat und dies deshalb sein Wille sei. Und wenn es Gottes Wille ist, dann ist es auch Jesu Wille. In erster Linie sollen sie ihren Volksgenossen helfen.[49]

> *" Lehrer: Wer hat das so angeordnet?*
> *Schüler: Gott hat das so angeordnet, weil er die Völker geschaffen hat.*
> *L.: Wie steht es nun also mit der Unterscheidung zwischen den Nächsten, die wir nach Jesu Gleichnis doch nicht machen sollten, die auch der Samariter nicht machte?*
> *S.: Wir sollen doch unterscheiden.*
> *L.: Auf wessen Willen können wir uns dafür berufen?*
> *S.: Auf Gottes Willen.*
> *L.: Und wessen Wille wird das dann auch sein?*
> *S.: Jesu Wille.*
> *L.: Ja, und das Verbot der Unterscheidung ist dann jedenfalls so zu verstehen, daß wir nicht willkürlich von uns aus unterscheiden und auswählen dürfen, wer unser Nächster ist, sonder daß wir an Gottes Ordnung gebunden sind, der uns die Hilfsbedürftigen zuweist. [...] Er tut es im Regelfalle, in dem er uns in unsere Blutsverwandtschaft, in Familie und Volk stellt, wo die Verwandten und Volksgenossen immer auf unsere Hilfe angewiesen sind. [...]*
> *L.: Sollen wir darum Nichtariern überhaupt keine Hilfe mehr erweisen?*
> *S.: Doch, wir sollen auch ihnen helfen, wenn sie auf unsere Hilfe angewiesen sind.*
> *L.: Nur das unser Volk immer in erster Linie steht. Wir dürfen einem Nichtarier, einem Fremden dann überhaupt nicht helfen, wenn wir sehen, daß wir unserem Volk oder einem Volksgenossen damit schaden würden. Sonst sollen wir ihm aber helfen."[50]*

Da die christliche Wahrheit im Unterricht weitgehend verloren ging, forderte die Leitung des DEK 1936 die evangelischen Lehrer und die Vertreter der Obrigkeit dazu auf, den Unterricht im Sinne der Wahrheit des dreieinigen Gottes zu lehren und der christlichen Wahrheit an den Schulen Freiheit und Raum zu geben.[51]

1936 gab es eine Sitzung von Referenten für Schulfragen der Landeskirche über verschiedene Aspekte des Unterrichts, wie auch die Religionsbücher. Die Religionsbücher wurden bis dahin oft mit dem Einverständnis der Kirche herausgegeben und meistens wurden auch ihre Anliegen mit einbezogen. Das größte Mitbestimmungsrecht hatte die Kirche in Bayern.[52]

---

[46] Bolle 2002, S. 104
[47] ebd., S. 104
[48] ebd.
[49] Vgl. ebd., S. 105
[50] Bolle 2002, S. 104f
[51] Vgl. Müller-Rolli 1999, S. 148
[52] Vgl.ebd., S. 187

1937 wurden die Religionsbücher teilweise zensiert und es wurde den Religionslehrern verboten verschiedene religiöse Schriften, wie zum Beispiel "Katechismus Wahrheit" und "Das Kind bei der heiligen Messe" im Unterricht zu verwenden.[53]

2.4. Religiöses Leben an deutschen Schulen

2.4.1. Feiern, Andachten und Gebete

Doch nicht nur der Religionsunterricht, sondern auch das religiöse Leben insgesamt blieb von der NS-Herrschaft nicht verschont. Kein anderes Gebiet des Schullebens wurde mehr beeinflusst durch Anweisungen der Nationalsozialisten als die Schulfeiern und Gedenktage. Den Regierenden war bewusst, dass die Schulfeiern Bestimmungsfaktoren besitzen, "die ein attraktives Einfallstor für das Eindringen der nationalsozialistischen Weltanschauung in den schulischen Raum abgeben"[54]. So gewannen die Schulfeiern ab 1933 an Attraktivität was mit der ausgesprochenen "Feiermanie" der Nationalsozialisten einherging. Statt religiösen Inhalten hatten die Schulfeiern nun vorwiegend politischen Charakter. Es wurden viele Feiern aus nationalsozialistischen Anlässen eingeführt, wie zum Beispiel der "Tag der Machtergreifung", "Geburtstagsfeier des Führers" oder "Reichsgründungsfeier". 1934 wurde auch festgelegt, dass die Schüler durch "Flaggenehrung" und das Singen des "Horst-Wessel-Liedes" Ferienbeginn und -ende gestalten mussten.[55]

Bei Schulgottesdiensten und Andachten war die Lage in den Ländern sehr unterschiedlich. Am Schulanfang und oft am Reformationstag fanden in Sachsen Schulgottesdienste statt, die eine steigende Beliebtheit bei den Schülern erfuhren. Auch in Münster waren die religiösen Feiern zunächst noch sehr beliebt. Doch die Bestimmung Rusts von 1936, die die Teilnahme an Gottesdiensten und Andachten für die Schüler freistellte, wirkte sich in manchen Bundesländern negativ auf die Beteiligung der Schüler an Gottesdiensten aus.[56] Darüber hinaus wurde bei dem Erlass von 1936 festgelegt, dass kein Schüler "zur Teilnahme am schulplanmäßigen Religionsunterricht, an Schulgottesdiensten, Schulandachten und ähnlichen religiösen

---

[53] Gradl 2008, S. 13
[54] Böhme, Günther: Erinnerungen an die Schulzeit im Nationalsozialismus und ihr historischer Hintergrund, Schulz-Kirchner, 2001, S. 82, zitiert nach Götz, Margarete: Die Grundschule in der Zeit des Nationalsozialismus: eine Untersuchung der inneren Ausgestaltung der vier unteren Jahrgänge der Volksschule auf den Grundlagenamtlicher Maßnahmen, 1997, S. 169
[55] Vgl. ebd., 2001, S.83
[56] Vgl. Müller- Rolli 1999, S.187

Schulveranstaltungen"[57] verpflichtet werden darf. Auch Lehrer sind nicht zur Teilnahme gezwungen, wenn sie Gewissensbedenken haben. [58]

1933 erließ das hessische Ministerium für Kultus und Bildungswesen die Anweisung, den Unterricht mit Gebet oder Choral zu beginnen und zu beenden.[59] Doch auch für den Inhalt der Schulgebete erließ das Ministerium verschiedene Bestimmungen, wie zum Beispiel das Gebet um "den Wiederaufstieg des geknechteten Vaterlandes, die Fürbitte für die verantwortlichen Männer der Nation, mithin für Reichspräsident und Kanzler"[60]. Im selben Jahr wurde dann die Vorschrift erlassen, den Unterricht mit dem Hitlergruß zu beginnen und zu beenden.[61]

Darüber hinaus wurde auch noch der Fahnenappell eingeführt, der jeden Montagmorgen stattfand. Während der Zeremonie mussten die Schüler den Hitlergruß zeigen und "braune" Lieder singen. [62]

1941 ordnete Minister Wagner an, den Unterricht, "an Stelle eines Gebetes mit einem geeigneten Tages oder Wochenspruch aus dem nationalsozialistischen Gedankengut oder einem Lied der Hitler-Jugend"[63] zu beginnen und zu beenden. Im selben Jahre wies der Reichsminister an, Schulgebete und Schulandachten abzuschaffen. Außerdem versuchte die Regierung auch die religiösen Symbole in der Schule zu beseitigen. [64]

2.4.2. Religiöse Symbole

1941 erließ das Unterrichtsministerium die Anordnung, die Kruzifixe aus den Klassenzimmern zu entfernen. Doch diese Aktion stieß auf großen Widerstand und Unmut bei der Bevölkerung.[65] Um den inneren Frieden aufrechtzuerhalten, stoppte das Ministerium die Aktion.[66] Damit sich die Kinder in der Schule "heimisch" [67] fühlen sollten, "sollte so doch würdiger Bildschmuck an den Wänden [hängen], der die Kinder anspricht und die Schulräume als nationalsozialistische Erziehungsstätte

---

[57] Dienst 2009, S. 258
[58] Vgl. Dienst 2009
[59] ebd., S. 156
[60] ebd. S. 159
[61] Vgl. ebd., S. 159
[62] Vgl. Böhme, 2001, S. 155, zitiert nach Götz, 1997
[63] Gradl 2008, S. 21
[64] Vgl. Dienst 2009, S. 296
[65] Vgl. Dannhäuser, Albin: Erlebte Schulgeschichte: 1939 bis 1955 ; bayerische Lehrerinnen und Lehrer berichten, Klinkhardt, 1997, S. 100
[66] Vgl. Gradl 2008, S. 15
[67] ebd.S.20, zitiert nach Abschrift aus Staatsarchiv Amberg :Umrahmung des täglichen Unterrichts an den Schulen (1939)

kennzeichnet" [68], wie zum Beispiel das Führerbild oder das Hakenkreuz. Bis 1943 war mindestens ein Bild von Hitler in den Klassenzimmern vorgeschrieben.[69] So wurde es nicht gern gesehen, wenn das Kreuz über dem Führerbild an der Frontseite des Raumes hing. Dies wurde als Beleidigung empfunden und der Regierungschef verlangte das Kreuz wenigstens auf die Seite zu hängen. [70]

2.5. Religionslehrer und Pfarrer als Träger nationalsozialistischen Gedankenguts

2.5.1. Lehrer als politisches Sprachrohr

Des Weiteren wurde die Lehrerschaft im NS-Staat auch als politisches Instrument zur Indoktrinierung der Schüler benutzt. Zuerst versuchten die Nationalsozialisten die Lehrer mit ihrer Weltanschauung und ihrem Gedankengut zu indoktrinieren, damit sie dieses dann auf die Jugend übertragen konnten. So schulte der NSLB die Lehrerschaft auf monatlichen Versammlungen im Sinne der nationalsozialistischen Ideologie. Von den Lehrern wurde mehr oder weniger eine Mitgliedschaft im NSLB gefordert, so dass die nationalsozialistische Ideologie auch in den Schulalltag eindringen konnte. Manche Lehrer versuchten auch, ihre Schüler zum Austritt aus der Kirche zu bewegen.[71]

Das NS-Regime versuchte mit allen Mitteln, "das Denken der Lehrer umzuformen, d.h. sie mit dem nationalsozialistischen Gedankengut, ihren politischen und pädagogischen Zielvorstellungen vertraut zu machen."[72] So war es notwendig, dass in jedem Lehrer, das nationalsozialistische Gedankengut tief verwurzelt war, damit die Schüler zu "nationalsozialistischen Kämpfern"[73] erzogen wurden. Durch ihre Parteizugehörigkeit konnten die Lehrer dahingehend überwacht werden. Auch mussten die Lehrer dem NSLB folgenden Treueschwur leisten: "Wir werden, Adolf Hitler, für die deutsche Jugend so sorgen, daß sie in deine Ideenwelt, in deine Ziele, in deine Willensrichtung hineinwächst. Das gelobt dir die gesamte deutsche Erzieherwelt von der Volksschule bis zur Universität."[74]

---

[68] ebd.
[69] Vgl. Gradl 2008, S. 20, zitiert nach Giesler, S.8
[70] Vgl. Dannhäuser 1997, S.101
[71] Vgl. Stegemann, Wolf (2014): Pädagogen schlossen sich schon früh der NSDAP an und übernahmen Funktionen. Rothenburgs Lehrerschaft war überdurchschnittlich tiefbraun gefärbt .
[72] Dannhäuser 1997, S.26, zitiert nach Flessau, K-J.: Schule der Diktatur. Lehrpläne und Schulbücher des Nationalsozialismus. Frankfurt a.M. 1984, S.25
[73] ebd., S.26, zitiert nach Bekanntmachung des Staatsministeriums für Unterricht und Kultus: Erlaß einer Landesschulordnung in Bayern v.25. Nov. 1943, hier Vorwort, S.6.
[74] ebd., S.27, zitiert nach Schaller, H.: Die Schule im Staat Adolf Hitlers, Breslau 1935, S.228

2.5.2. Herausdrängen der Geistlichen aus dem Religionsunterricht

Auch Religionslehrer bzw. Pfarrer, die am Anfang noch den Religionsunterricht erteilen konnten, unterlagen der nationalsozialistischen Herrschaft und deren Gedankengut. 1936 erteilten in erster Linie Lehrer, die eine entsprechende Prüfung ablegen mussten, den Religionsunterricht. Geistliche hatten aber auch die Möglichkeit zu unterrichten. Zuerst mussten sie aber einen Antrag auf eine Zulassung stellen, der durch den Regierungspräsidenten genehmigt werden musste und durch die Polizei überprüft wurde. Voraussetzung für das Unterrichten der Geistlichen war, dass sie "sich mit ihrer ganzen Persönlichkeit rückhaltlos hinter den nationalsozialistischen Staat"[75] stellen mussten, sonst konnten sie zum Religionsunterricht nicht mehr zugelassen werden. Darüber hinaus hatten die Schulräte die Pflicht und den Auftrag, den Religionsunterricht der Geistlichen zu überwachen und ihr Verhalten, gegebenenfalls auch außerschulisch. [76]

1937 schlug der Kreisstatthalter in Hessen vor, den von den Geistlichen erteilten Religionsunterricht von hauptamtlich tätigen Lehrern übernehmen zu lassen. Doch er wollte es "der Gewissensentscheidung jedes Lehrers überlassen" [77], ob er sich in der Lage sieht Religionsunterricht zu erteilen. Die Geistlichen abzuziehen begründete er durch den Vorteil, dass der Religionsunterricht dann in eine Hand gelegt würde und eine einheitliche religiöse Anschauung gelehrt werden würde.[78] Denn die "Verschiedenheit der religiösen Anschauungen bei Lehrern und Geistlichen kann in den Seelen der Kinder, die sich noch kein eigenes Urteil bilden können, einen Zwiespalt" [79] hervorrufen. Dies kann sich dann schädlich auf "eine ernste Lebensführung auswirken"[80]. Darüber hinaus begründete man diese Entscheidung so, dass der Religionsunterricht durch Pfarrer zu einer "Störung des geordneten Schulbetriebes" [81] geführt hatte. Somit lag es dann ganz bei den nationalsozialistischen Lehrern, in welcher Weise sie den Unterricht erteilten wollten.[82]

---

[75] Dienst 2009, S.221
[76] Vgl.ebd.
[77] ebd., S. 252
[78] Vgl. ebd., S.253
[79] Dienst 2009, S.253
[80] ebd.
[81] Müller-Rolli 1999, S. 115, zitiert nach Schäfer, Landeskirche 1982,S. 789f
[82] Vgl. ebd., S. 115

2.5.3. Wachsender Druck auf Religionslehrer

Nicht nur die Geistlichen, sondern auch alle anderen Lehrer, von denen auch viele Religionsunterricht erteilen konnten, mussten eine bestimmte Einstellung mitbringen. Schon 1934 mussten alle Beamten einen Eid leisten. Dieser bestand aus einem Treueschwur auf Adolf Hitler, den Führer von Partei und Staat. Wenn dieser verweigert wurde, mussten die Lehrer mit Entlassungen oder Disziplinmaßnahmen rechnen. Auch katholische Geistliche mussten einen Eid ablegen. [83]

Daneben waren bei der Einstellung der Lehrer verschiedene ideologische Aspekte Bedingung, wie die Überzeugung vom Nationalsozialismus und die Übereinstimmung mit dem rassischen Schema. Auch waren Lehrer mit kinderreichen Familien erwünscht, da dies Teil der nationalsozialistischen Ideologie war, die arische Rasse möglichst zahlreich zu machen. [84]

1938 wurde erlassen, dass nur in besonderen Fällen, wie bei Lehrermangel, neue Geistliche zur Erteilung von Religionsunterricht eingestellt werden sollten.[85] Im selben Jahr forderte der NSLB (Nationalsozialistische Lehrerbund) die Lehrer nach der Reichspogromnacht auf, den Religionsunterricht niederzulegen, weil er "eine Verherrlichung des jüdischen Verbrechervolkes in allen deutschen Schulen nicht mehr länger dulden könne"[86] Dieser Aufforderung folgten sofort viele Mitglieder. Diese genannten Punkte führten dazu, dass in manchen Schulen gar kein Religionsunterricht mehr erteilt wurde.[87] 1939 verkündete das bayerische Kultusministerium endgültig das Abziehen der weltlichen katholischen und evangelischen Lehrer aus dem Religionsunterricht.[88] Dies bedeutete das Ende für den evangelischen Religionsunterricht im Schuljahr 1939/40. [89]

2.6. Umwandlung der Bekenntnisschulen in deutsche Volksschulen

2.6.1. Widerstand und Reaktion der evangelischen Kirche

Schon seit der Machtübernahme verfolgten die Nationalsozialisten das Ziel der "Entkonfessionalisierung". Sie übten Druck auf die Eltern aus, ihre Kinder auf Gemeinschaftsschulen zu schicken. Deshalb forderte der bayerische Landesbischof

---

[83] Vgl. Böhme 2001, S. 59
[84] Vgl. Gradl 2008, S.22
[85] Dienst 2009, S. 254
[86] ebd., S. 255
[87] Vgl. ebd. S. 257
[88] Vgl. Augsburgwiki (Hrsg.,): Evangelische Kirche und Nationalsozialismus in Augsburg.
[89] Vgl. Hetzer: Kulturkampf in Augsburg 1933-1945, Wissner Verlag, 1982; S. 152-157

Hans Meiser 1933 die evangelischen Eltern auf, sich bei der bevorstehenden Schulanmeldung nicht irremachen zu lassen und ihre "Kinder in die evangelische Schule [zu schicken]"[90] 1934 leiteten die Nationalsozialisten erste schulpolitische Schritte ein, um die Bekenntnisschulen abzuschaffen. Dies versuchten sie "von unten"[91], also durch Druck auf die Eltern, ihre Kinder auf deutsche Gemeinschaftsschulen zu schicken. Die Möglichkeit der Schulwahl war schon in der Zeit vor dem Nationalsozialismus, also 1919 in der Weimarer Republik eingeführt worden. 1936 änderte die evangelische Kirche ihre Position. Sie beschloss "ihre Bedenken gegen die Gemeinschaftsschule zurückzustellen und die Wahl der Schulform für die evangelischen Kinder der gewissensmäßigen Entscheidung der Eltern anheimzugeben."[92]

Zu diesem Sinneswandel führte die Zusicherung des Kultusministeriums, den Religionsunterricht weiterhin im Einklang mit den Grundsätzen der evangelischen Kirche zu erteilen. Dies war aber nicht der Fall, was durch den Erlass des Kultministers deutlich wurde. Er ordnete an, das Alte Testament nicht mehr für den Religionsunterricht zu verwenden und dagegen konnte der Oberkirchenrat nur erfolglos protestieren. 1937 verteilen Pfarrer der BK Flugblätter, die die evangelischen Eltern warne sollten, denn es war offensichtlich, dass sich "die bekenntnislose Deutsche Schule [...] auf dem Weg zur nichtchristlichen, deutschgläubigen Schule befindet, in denen nicht der Glaube an Christus, sondern ein anderer Glaube das Leben der Schule beherrscht." [93] Danach forderten die Pfarrer die Eltern auf, für die Bekenntnisschule und die Erhaltung der evangelischen Schulen zu kämpfen.[94]

1938 äußerte sich die Bekennende Kirche erneut kritisch, da immer mehr Bekenntnisschulen in Deutsche Volkschulen umgewandelt worden waren, der Religionsunterricht immer seltener an Schulen erteilt wurde und der NSLB die Lehrer unter Druck setzte, den Religionsunterricht niederzulegen.[95]

---

[90] Müller-Rolli 1999,.S.111, zitiert nach LKA Nürnberg Rep.103, Nr.182
[91] Müller-Rolli 1999,.S.110
[92] ebd., S.113
[93] Dienst 2009, S.294
[94] ebd.
[95] Vgl. Dienst 2009, S. 255

2.6.2. Widerstand und Reaktion der katholischen Kirche

Doch auch die katholische Kirche kämpfte für den Erhalt der Bekenntnisschulen. Sie sah die Umwandlung in Gemeinschaftsschulen als Bruch des Konkordats von 1933 [96], denn dieses besagt, dass "Die Beibehaltung und Neuerrichtung katholischer Bekenntnisschulen [..] gewährleistet [bleibt]"[97]. So erhob zum Beispiel das katholische Pfarramt Tirschenreuth Einspruch und droht, dass es gegen die "geplante Beseitigung der Bekenntnisschulen in aller Form Rechtsverwahrung" [98]einlegen würde. Doch dieser Widerstand der Kirche blieb ohne Folgen.[99] 1936 wandte sich die römisch-katholische Kirche in einem Hirtenbrief "zum Schutz der Bekenntnisschule"[100] an die Diözesen. Dort zeigte sie sich besorgt auf Grund schwerer Eingriffe der Nationalsozialisten in den Bestand der Konfessionsschulen. Die Nationalsozialisten versuchten diese Schulen "innerlich auszuhöhlen"[101].

Darüber hinaus wurde im Hirtenbrief die Zunahme von "unchristlichen Äußerungen"[102] einzelner Lehrer kritisiert, die die religiösen Gefühle der Schüler kränkten. Durch die neuen Lehrpläne und Lehrbücher würden die Schulen ihren "christlichen Charakter verlieren."[103] Für viele Katholiken war die Forderung nach dem Beibehalten der Bekenntnisschulen "Gewissenspflicht"[104]. Sie wollen ihre Kinder nur auf eine rein katholische Schule schicken. Dabei beriefen sie sich auf Papst Pius XI:

"Unzulässig für Katholiken ist auch eine solche gemischte Schule "[105]. Zwar gab es für die Kinder einen eigenen Religionsunterricht, aber die anderen Unterrichtsstunden waren gemischt, für Katholiken und Nichtkatholiken. Dadurch begründete die römisch-katholische Kirche, dass eine "deutsche Gemeinschaftsschule" für Katholiken illegitim sei, denn die ganze Schulordnung müsse dem "christlichen Geiste entsprechen"[106]. Insgesamt verlief die Umwandlung der Konfessions- in Gemeinschaftsschulen sehr schnell und so waren schon 1938 laut Minister Wagner "nun mehr die

---

[96] Vgl. Gradl 2008, S.11
[97] Hafner, Walter: Konfessionelle Schule oder Deutsche Volksschule, Deutscher Verlag für Politik und Wirtschaft, 1937, S.37
[98] Gradl 2008, S. 11, zitiert nach Staatsarchiv Amberg, Umwandlung der kath. und prot. Bekenntnisschulen in Tischenreuth in Gemeinschaftsschulen für Knaben und Mädchen
[99] Vgl. Gradl 2008, S. 12
[100] Hafner 1937, S.22
[101] ebd.
[102] ebd.
[103] ebd.
[104] ebd.
[105] ebd., S.24
[106] ebd.

Bekenntnisschulen in Gemeinschaftsschulen umgewandelt"[107]. Dabei ignorierte man das oben erwähnte Konkordat von 1933.[108]

2.6.3. Ziel der Nationalsozialisten und Rolle des Volkes

Die Nationalsozialisten rechtfertigten sich, indem sie die Umwandlung der Schulen als Wille des Volkes darstellten, weil die konfessionellen Schulen angeblich nicht mehr den Wünschen der Eltern entsprachen[109]. Die Nationalsozialisten sahen die "Deutsche Volksschule als Grundlage der deutschen Einheit"[110] Sie wollten dadurch eine Vereinheitlichung des Volkes herbeiführen und sahen die Bekenntnisschule als Bedrohung, weil sie die Jugend spaltete. Für sie war Nationalität wichtiger als Konfession. Sie wollten eine einheitliche Nation schaffen, zu der jeder Deutsche sich zugehörig fühlte, egal welcher Konfession er angehörte. Aus diesem Grund wollten sie die "neue Deutsche Volksschule allen deutschen Kindern"[111] geben.

Die Idee der Umwandlung der Konfessionsschulen in Gemeinschaftsschulen kam auch beim Volk scheinbar gut an. Nun hatten alle Kinder die Chance auf Bildung, da die Schulen umsonst waren und alle nach dem gleichen Standard unterrichtet wurden. Laut der Nationalsozialisten haben sich angeblich zahlreiche Eltern bei der Abstimmung für die Gemeinschaftsschule entschieden.[112] Wobei allerdings anzunehmen ist, dass die Eltern bei der Abstimmung durch den Druck der Parteidienststellen maßgeblich beeinflusst wurden. So wollte die Regierung die Umwandlung als "Wille des Volkes"[113] darstellen.

---

[107] Gradl, 2008, S.12, zitiert nach BATIR 4395, Bekanntmachung über das öffentliche Volksschulwesen
[108] Vgl. Dannhäußer 1997, S. 24
[109] Vgl. Hafner 1937 , S.47
[110] Hafner 1937, S. 40
[111] ebd., S.44
[112] Vgl. Gradl 2008, S..10
[113] bd., S.9, zitiert nach Flierl, Christine/Gschweder, Karl, Das Schulwesen im NS-Staat, Regionalgeschichtliche Ergänzung, Oberpfalz, in Liedke, Max (Hrsg.), Handbuch der Geschichte des Bayerischen Bildungswesen, Bd. 3, Geschichte der Schule in Bayern von 1918 bis 1990, Regensburg 1997, S.263

3. Fazit

Aus den oben genannten Aspekten lässt sich folgende Schlussfolgerung ziehen: Von der totalitären Diktatur der Nationalsozialisten blieb weder das religiöse Schulleben noch der Religionsunterricht verschont. Die Nationalsozialisten wollten das Denken des Volkes gleichschalten und griffen deshalb auch in das Schulwesen ein um die Kinder und Jugendlichen, wie Frau R. und ihre Mitschüler, mit nationalsozialistischem Gedankengut in allen Unterrichtsfächern und somit auch im Religionsunterricht zu indoktrinieren und zu manipulieren. Darüber hinaus versuchten sie, den Religionsunterricht aus dem Schulsystem zu verdrängen, da Kirche, Religion und christliche Werte nicht mit der nationalsozialistischen Ideologie vereinbar waren. An der Spitze sollte alleinig der unfehlbare Führer stehen, der vom Volk gehuldigt werden sollte. Dies stand aber im Widerspruch zur katholischen Kirche, da ihr Oberhaupt der Papst ist und zum Christentum insgesamt, das Gott und Jesus Christus verehrt und nicht einen weltlichen Führer.

4. Quellenverzeichnis

BOLLE, Rainer (Hrsg.): Hauptströmungen evangelischer Religionspädagogik im 20. Jahrhundert, Waxmann, 2002

BÖHME, Günther: Erinnerungen an die Schulzeit im Nationalsozialismus und ihr historischer Hintergrund, Schulz-Kirchner, 2001

DANNHÄUSER, Albin (Hrsg.): Erlebte Schulgeschichte: 1939 bis 1955 ; bayerische Lehrerinnen und Lehrer berichten, Verlag Julius Klinkhardt, 1997

DIENST, Karl: Kirche-Schule-Religionsunterricht, Untersuchung im Anschluss an die Kirchenkampfdokumentation der EKHN, Lit Verlag, 2009

DITHMAR, Reinhard (Hrsg): Schule und Unterricht im Dritten Reich, Luchterhand, 1989

GRADL, Jürgen: Das Volksschulwesen in der NS- Zeit am Beispiel des Stiftlandes, Grin Verlag, 2008

HAFNER, Walter: Konfessionelle Schule oder Deutsche Volksschule, Deutscher Verlag für Politik und Wirtschaft, 1937

HETZER: Kulurkampf in Augsburg 1933-1945,Wissner Verlag, 1982; S. 152-157

MÜLLER-ROLLI, Sebastian: Evangelische Schulpolitik in Deutschland 1918 - 1958, Vandenhoeck & Ruprecht, 1999

OMLAND, Sabine: NS-Propaganda im Unterricht deutscher Schulen 1933 - 1943/1

POLLMANN, Bernhard: Lesebuch der deutschen Geschichte, Harenberg Kommunikation, 1989

ROTTE, Ursula: Schulwirklichkeit im Nationalsozialismus, die Umsetzung von NS-Schulrichtlinien und -erlassen, aufgezeigt am Beispiel einer oberbayerischen Volksschule, Ars Una, 2000

AUGSBURGWIKI(Hrsg.,) O.V: Evangelische Kirche und Nationalsozialismus in Augsburg.
https://www.augsburgwiki.de/index.php/AugsburgWiki/Religionsunterricht (27.09.17)

STEGEMANN, Wolf (2014): Pädagogen schlossen sich schon früh der NSDAP an und übernahmen Funktionen. Rothenburgs Lehrerschaft war überdurchschnittlich tiefbraun gefärbt
http://blog.rothenburg-unterm-hakenkreuz.de/paedagogen-schlossen-sich-schon-frueh-der-nsdap-an-und-uebernahmen-funktionen-rothenburgs-lehrerschaft-war-ueberdurchschnittlich-tiefbraun-gefaerbt/ (31.10.17)